APRESENTAÇÃO

O marketing digital ainda é incipiente no Brasil. Segundo dados de 2017 da *Bain & Company*, apenas 20% dos investimentos das empresas brasileiras em marketing é direcionado ao ambiente online – a efeito de comparação, no Reino Unido a proporção para o online é de 51%. Mesmo assim, o número absoluto é considerável: R$ 8 bilhões.

O que esses números significam? Eles mostram que os investimentos no ambiente online é uma realidade mundial e que, cada vez mais, consumirá parte do orçamento das empresas brasileiras também. E quem não direcionar seus investimentos para essa área fatalmente ficará para trás.

A mudança do perfil do consumidor, a cada dia mais ativo e com papel de protagonista nas transações faz necessária que empresas de qualquer porte – inclusive as micro e pequenas – olhem para a internet como uma fonte de captação de clientes.

A boa notícia é que, nesse ambiente, embora importante, o dinheiro não é o principal fator de sucesso ou fracasso. A relação de conteúdo criativo e relevante, conhecimento do perfil de cliente, construção de proposta de valor clara e relacionamento conseguem fazer as pequenas marcas baterem de frente com grandes players do merado.

Veja bem: o dinheiro ainda é importante. O digital deve ser visto como uma área a receber investimentos como qualquer outra (TV, rádio, panfletagem, eventos etc.), mas, diferentemente desses outros "tipos de marketing", o **porque** você fala **o que** você fala **como** você fala pode gerar um engajamento que coloca as verbas em uma posição mais baixa no ranking de importância.

O objetivo deste livro, portanto, é ser breve em organizar ideias e estratégias, bem como mostrar as principais ferramentas do marketing digital para auxiliar empresários de diferentes portes a terem sucesso nessa empreitada.

Espero que você tenha uma ótima leitura!

SOBE O AUTOR

Meu nome é Samuel Gonçalves e sou da tão debatida Geração Y – aquela que alguns reclamam sobre a impaciência e a alta rotatividade nos empregos, mas que outros elogiam a ambição – no bom sentido – e a busca por melhores posições e relações trabalhistas; aquela que alguns reclamam por não conseguirem memorizar um número de telefone, mas que outros elogiam a habilidade em lidar com os aparatos eletrônicos; enfim, aquela que vive a era Google.

Fazendo jus a essa geração que não para, comecei a cursar Letras, mas, no terceiro ano de faculdade, decidi abandonar para segui meu sonho de me tornar jornalista. No início, como a maior parte dos jornalistas, a imagem de me tornar um novo repórter como Caco Barcelos ou substituir Willian Bonner como âncora do Jornal Nacional é o que mais chamava atenção, mas desde cedo conheci a comunicação corporativa e rapidamente soube o que gostaria de fazer para o futuro.

Os, aproximadamente, 10 anos de experiência na área, vivendo o crescimento do marketing digital no Brasil, foram o que me incentivaram a escrever este livro/e-book (afinal, se vamos falar sobre digital, nada melhor que seja por um meio eletrônico).

Hoje, fico muito satisfeito em perceber o quanto as empresas e profissionais começaram a se interessar pelo assunto, pois, de certa forma, adaptar-se a esse novo mundo é criar uma nova maneira de lidar com o seu público-alvo: uma maneira mais humana e individualizada, que traz experiências mais significativas e que, espero, vá fazer um mundo melhor.

ÍNDICE

05 – Por que a internet?

07 – Discurso e propósito

08 – As ferramentas

13 – Como descobrir as palavras-chave

16 – As redes sociais

19 – O conteúdo como gerador de leads

20 – Mensurando resultados

21 – Conclusão

01. POR QUE A INTERNET?

O novo "horário nobre" da propaganda é a internet. E o melhor: esse horário nobre dura 24h por dia. E isso não é exagero: o perfil do consumidor mudou. Não existe mais aquela configuração tradicional de família, em que todos se sentam na sala antes ou após o jantar a fim de assistir à novela ou ao telejornal. Hoje, o pai está na sala, a filha no quarto, a mãe deitada na cama e o filho jogando no computador – se duvidar, todos estão conectados.

Dados do *ComScore* (2014) indicam que 70% dos brasileiros assistem à televisão com o smartphone nas mãos – e boa parte deles dá mais atenção ao celular do que à TV. Outro ponto é o crescimento do streaming nos últimos anos. Hoje, 1/3 dos aparelhos móveis do Brasil (já são mais de 200 milhões no total) contam com serviços de streaming, sendo o Netflix o principal, segundo a pesquisa *Panorama Mobile Time / Opinion Box*, de 2017.

É por isso que tradicionais produtoras, como Globo, Fox, HBO, entre outras, têm criado seus próprios serviços de streaming. O resultado é que a audiência digital aumenta, enquanto a televisão tradicional diminui. No rádio, o Spotfy ocasiona fenômeno parecido, diminuindo as audiências.

O consumidor como protagonista

Essa migração do off para o online tem por trás a mudança do perfil de consumo: o cliente quer ser protagonista. Por isso, ele prefere escolher o que assistir quando quiser assistir do que se prender em frente à televisão para esperar o seu programa acontecer.

O mesmo acontece com a publicidade. Outdoor, televisão, rádio, revista, anúncio em jornal, panfleto... todas essas são comunicações invasivas. Elas chegam até o cliente sem que ele esteja procurando por ela – e muitas vezes o irritam. Com smartphones em mãos, dificilmente ele dará atenção aos intervalos comerciais enquanto pode aproveitar o tempo discutindo no Twitter sobre aquilo que está assistindo (isso se ele já não tiver mudado o canal). Fora isso, todos esses meios são de difícil mensuração.

Se eu faço, eu mensuro

Vamos exemplificar: sua empresa fez quatro outdoors na cidade, anunciou em uma revista de grande circulação, fez spots na rádio local e entregou panfletos em três diferentes pontos. Aí, você nota que teve um aumento de 10% nas vendas durante as ações. E surge a pergunta: entre todas essas ações, quais deram os resultados esperados?

Você não sabe. Dificilmente um cliente chega e fala: "Vim aqui porque escutei na rádio". E poucos deles têm paciência para preencher fichas para indicar como chegaram até sua empresa – você teria? Traduzindo: se você quiser fazer uma nova ação do tipo, terá que gastar dinheiro em todas essas ferramentas novamente, já que não conseguiu identificar quais deram os melhores resultados.

Na internet, isso é diferente, pois todas as ações colocadas lá podem ser monitoradas. Um post no Facebook tem X visualizações, Y cliques no site e Z compras efetuadas (no capítulo sobre redes sociais falaremos mais sobre as métricas que realmente importam). Com a ferramenta Google Analytics *(veja mais sobre isso no capítulo de mensuração de resultados)*, você pode monitorar o comportamento do seu usuário – qual foi a primeira página que ele acessou, o tempo médio que fica no seu site, as páginas que mais têm desistência, as ações que ele tomou após chegar à sua página, enfim, todos os passos que fazem ou não fazem esse usuário se tornar um cliente. A mesma coisa acontece com os anúncios patrocinados no

Google, em que é possível monitorar o preço dos cliques, os horários de apresentação do anúncio, a região de alcance e até quanto aquela venda custou para você.

São dados concretos, fáceis de conseguir e que pautam o trabalho dos departamentos de marketing das empresas. Se a página principal dos meus produtos tem uma taxa de desistência muito alta, mudo a página – refaço os textos, altero o layout, crio botões de ação novos, enfim, posso fazer qualquer coisa para que essa página seja melhorada.

A mesma coisa com os anúncios: se a minha campanha está trazendo um grande número de pessoas que não compram ou não fazem contato com a minha empresa, eu mudo o anúncio ou as palavras-chave dele. O que você poderia fazer se a falta de conversão fosse em uma propaganda de TV? Nada. Apenas esperar as inserções acabarem e programar a próxima ação, torcendo para que dê certo.

02. DISCURSO E PROPÓSITO

Por que você faz o que você faz? É isso que define o seu propósito. Pode parecer banal, mas o consumidor está cada vez mais engajado às causas. Faça uma pergunta a si mesmo: se não existisse dinheiro, por que você faria o que você faz? Qual seria o sentido daquilo que você faz? Qual impacto a sua empresa gera?

Essas são perguntas importantes em um ambiente que tem o consumidor não apenas como protagonista, mas também como aliado. Autor do livro *Start with why* (traduzido no Brasil como *Por Quê? Como grandes líderes inspiram ação*), Simon Sinek cunhou o termo *Golden Circle* (Círculo Dourado), no qual as empresas dão foco ao "porquê", em vez do "o que" ou do "como".

Se o discurso da Apple fosse baseado no "o que", por exemplo, eles venderiam seus produtos mais ou menos assim: "nós fazemos os melhores computadores e celulares, com belos designs e simples de usar". Mas não é assim que a Apple se comunica. Seu discurso é na linha do porquê: "Nós desafiamos o *status quo*, acreditamos que pensar diferente faz toda a diferença. Por isso, oferecemos equipamentos com design diferenciado e simples de usar, transformando-os nos melhores do mundo". Tudo o que a Apple faz – no discurso de vendas, no layout das lojas, no design dos produtos, nas embalagens entregues etc. é pensado em atingir o porquê ela faz o que faz: desafiar o *status quo*.

A questão é que o discurso do propósito não é restrito a empresas do tamanho da Apple. Mesmo as menores empresas podem se concentrar em suas razões únicas de existir, mostrando que são diferentes de todos os seus concorrentes. Com esse propósito definido, fica fácil criar suas propostas de valores únicas e chegar a um discurso institucional que depois será disseminado pelos diferentes canais: inclusive o digital.

03. AS FERRAMENTAS

Não há como falar em marketing digital sem começar pelo Google, essa empresa que, em menos de duas décadas, transformou a vida de milhões de pessoas como poucas fizeram.

O Google é o melhor amigo de todos nós. É com ele que somos os mais sinceros possíveis. As perguntas que temos receio de fazer aos nossos parentes ou às pessoas que estão mais próximas de nós, fazemos ao Google. E ele nos responde.

Todos os dias, mais de duas bilhões de pesquisas são feitas no Google, um número bastante considerável. E essa é a magia da coisa: com o Google e a internet, você ou sua empresa aparecem exatamente no momento em que o usuário está precisando do seu produto.

Então, vamos ver como funciona o Google, que é dividido em links patrocinados e resultados orgânicos.

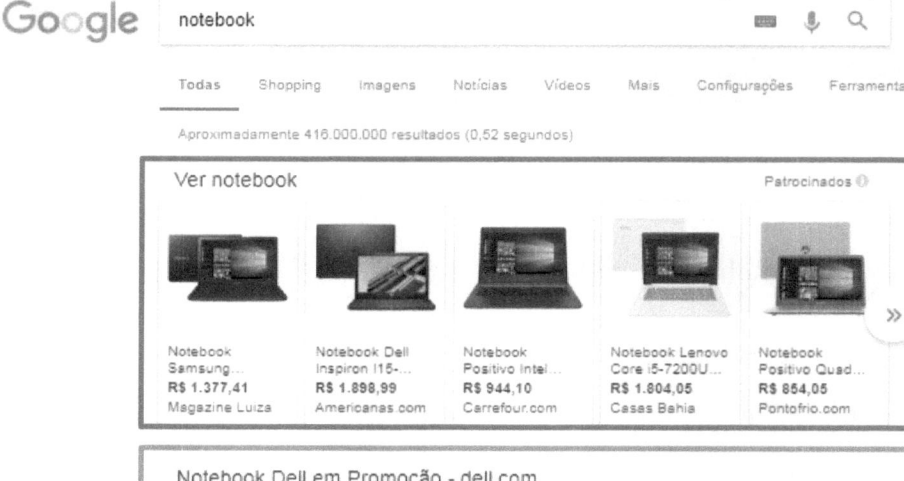

Figura 1

Na figura 1, é possível visualizar bem essa divisão do Google. Em azul, você vê os anúncios do Google Shopping; em verde, os links patrocinados; e, em vermelho, os resultados orgânicos. Vamos conhecer um pouco mais de cada um desses resultados e como aparecer nesses locais.

Google Shopping

Para loja de e-commerce, é possível criar anúncios no Google Shopping, que aparecem em destaque para os clientes e são direcionados diretamente para a página de compra desses produtos. Esse tipo de campanha é ideal para palavras-chave bastante descritivas, quando o cliente já sabe exatamente o que procura. Exemplo: "TV Samsung 4k 55 polegadas". Dessa forma, você facilita a vida do consumidor ao levá-lo diretamente ao produto que ele deseja, em vez de indicar uma página genérica (como a categoria de TV's do seu e-commerce).

Links Patrocinados

Como o nome sugere, links patrocinados – conhecidos também pelo nome "Google Adwords", são anúncios em que você paga para aparecer em destaque em certas palavras-chave. Esse anúncios podem surgir em cima, ao lado ou embaixo da página de resultados da pesquisa. Outra forma de serem exibidos é na chamada "rede de parceiros do Google" (sites que se cadastram para colocar esses anúncios em suas páginas e capitalizar com isso).

E você pode se perguntar: "ah, então eu pago para aparecer em primeiro". Na verdade, não. Nos links patrocinados, as empresas pagam por cliques efetuados, ou seja, você só vai pagar quando o cliente clicar no seu anúncio, e não quando ele o visualiza. Isso é uma vantagem bastante significativa, pois apenas quando os usuários visitarem o seu site a partir desses anúncios é que você será tarifado.

Basicamente, o que acontece com o Google Adwords é um leilão de cliques, mas o que conta não é simplesmente o valor, e sim a pontuação do seu anúncio. Quanto mais pontos ele tiver, menor será o seu custo. Essa pontuação leva em conta os seguintes fatores:

- **Anúncio:** uso das palavras-chave dentro do anúncio, o que inclui o texto e a URL (endereço do site) apontada;

- **Página de pouso:** é a página que o usuário vai cair quando clicar em seu anúncio. Quanto mais o conteúdo dessa página for significante para o referido anúncio, mais pontos a sua campanha terá;

- **Valor máximo por clique:** você define qual é o máximo que está disposto a pagar por um clique (cada palavra-chave tem um custo, de acordo com a concorrência por ela). Aliando esse item à pontuação dos dois anteriores, o Google define o valor do clique (que é sempre menor do que esse valor definido como máximo).

Daí a importância de uma página bem estruturada e convincente: se um milhão de pessoas visitam o seu site, mas apenas mil compraram o produto, essa conversão de 0,1% se mostra muito baixa para pagar o milhão de cliques que você teve.

Com o Google Adwords, é necessário fazer uma otimização dupla: uma página relevante para o anúncio em questão, o que vai fazer os seus cliques saírem mais baratos, e convincente para o usuário, o que vai fazer com que ele visite a sua página, se convença de que o seu produto é seguro e efetivo e, com tudo isso, faça a compra.

Resultados orgânicos

Os resultados orgânicos levam em consideração apenas a relevância da página em questão para a busca que foi feita pelo usuário. Para definir o que é relevante, estima-se que o Google leve em consideração mais de cem fatores, mas alguns são mais perceptíveis e importantes – e podemos dividi-los em fatores internos (que você pode mexer) e externos (que você depende de outras pessoas ou páginas). Conheça-os:

<u>Fatores internos:</u>

Título da página: verifica se o título da página (aquele que aparece na aba do navegador) reflete a busca que o usuário está fazendo;

Título do conteúdo: é aquele que está logo no topo do conteúdo, e também deve refletir total ou parcialmente aquilo que é buscado;

Subtítulos do conteúdo: quando colocar algum subtítulo em seu conteúdo, é importante que as palavras dele façam correspondência ao que foi buscado pelo usuário;

Conteúdo da página: o conteúdo textual da página também deve ser relevante para a busca, mostrar para o usuário – e, consequentemente, para o Google – que aquilo que ele precisa, pode encontrar no seu site;

Título das imagens: quando houver imagens em sua página, colocar títulos nelas com as palavras-chave trabalhadas.

Exemplo: em vez de deixar um código do tipo "MVB0892", utilizar "tv-samsung-4k".

Fatores externos:

Se você está lendo este ebook, provavelmente se interessa por marketing. Caso já tenha lido alguns livros da área, verá que grande parte deles fazem referência a Philip Kotler. É esse grande número de referências que tornam Kotler tão reconhecido como o "guru do marketing", um dos primeiros nomes que vêm à mente quando se pensa na área.

A mesma coisa acontece com o seu site. Um dos fatores mais importantes que o Google leva em consideração é o número de sites fazem referência ao seu, ou seja, quantos sites têm links que levam a páginas dentro do seu site. Isso é o que chamamos de *backlinks*, que, por sua vez, está por dentro das estratégias de *link buiding*, que vão melhorar o *Page Rank* do seu site.

Vá se acostumando:

Backlinks são os links de outras páginas que levam ao seu site. Acesse o site http://www.backlinkwatch.com/ e descubra quais são os seus backlinks atualmente.

Link building é o nome que se dá ao conceito de estratégias para conseguir links em outros sites, ou seja, aumentar o número de backlinks de sua página.

Page Rank é a pontuação que o Google dá para uma página de acordo com a quantidade e relevância dos links que levam à sua página.

Note que, quando falei sobre Page Rank, citei a relevância dos links. Isso é natural. Mais uma vez, vamos metaforizar: se um amigo de trabalho disser que eu sou um bom nadador, nada de muito importante acontecerá em minha vida. Agora, se em uma entrevista na Globo o César Cielo diz que eu sou um grande nadador, a situação muda.

A mesma coisa vai acontecer com os links que levam ao seu site. Se você tem uma página que fala sobre óleos naturais e recebe diversos links de um site que aborda a fabricação de isopor, não receberá muitos pontos por isso; agora, se o seu site de óleos naturais recebe muitos links de um site de receitas, certamente o Google dará mais importância.

A tática mais básica para ter sucesso com a busca orgânica, então, é investir na oferta de conteúdo por meio da criação de diferentes páginas para trabalhar diversas palavras-chave e suas variações. Por exemplo: em um blog, pode-se criar páginas para trabalhar palavras-chave que fazem relação à TV. Exemplo: "características da TV Samsung 4k", "diferenças da TV Samsung 4k para a normal", "análise técnica TV Samgung 4k", entre outras. Quanto mais páginas com diferentes termos você tiver, maior a chance de encontrar um cliente fazendo buscas parecidas.

Todas essas estratégias são conhecidas no marketing digital como SEO (Search Engine Optimization), o que, em português, significa "otimização para mecanismos de buscas".

04. COMO DESCOBRIR AS PALAVRAS-CHAVE

Um dos critérios mais importantes para conseguir se colocar nas primeiras posições do Google é ter um conteúdo de qualidade. Mais do que isso, é necessário identificar as melhores palavras-chave. Mas como saber qual é o melhor termo a ser utilizado? Mais uma vez, a mágica da internet aparece: como tudo é mensurável, também é possível saber como os clientes pesquisam pelo seu tipo de negócio na internet.

Então, vamos supor que você seja um médico e esteja em dúvida entre utilizar os termos "cirurgia plástica" ou "cirurgia estética". Eu responderia para você: use "cirurgia plástica".

E como sei disso? Por meio da ferramenta "Planejado de palavras-chave" disponível no Google Adwords:

Palavra-chave (por relevância)	Média de pesquisas mensais	Concorrência	Parcela de impr. do anúncio	Lance na parte superior da página (menores valores)	Lance na parte superior da página (maiores valores)
cirurgia plastica	10 mil – 100 mil	Médio	–	R$ 0,72	R$ 2,70
cirurgia estetica	100 – 1 mil	Baixo	–	R$ 0,69	R$ 2,93

Figura 3

Na imagem, você pode ver que o termo "cirurgia plástica" tem entre 10 mil e 100 mil pesquisas mensais, enquanto "cirurgia estética" possui apenas entre 100 e 1000. A ferramenta é gratuita e disponível para qualquer um que crie uma conta no Google Adwords (http://adwods.google.com). Ela pode ajudar tanto na definição das palavras-chave dos anúncios quanto como parâmetro de palavras para se trabalhar na busca orgânica.

Além de indicar o número de buscas mensais (locais e globais) para um termo, essa ferramenta aponta a concorrência e dá ideias de palavras-chave relacionadas – que estão dentro do mesmo campo semântico do termo inserido. Assim, nada do que você faz deve ser orientado pelo "achômetro" – tudo precisa ser muito bem pensado e estruturado para que o seu site tenha os melhores resultados.

Vamos conhecer outra ferramenta que auxilia a encontrar a melhor palavra-chave, o Google Trends:

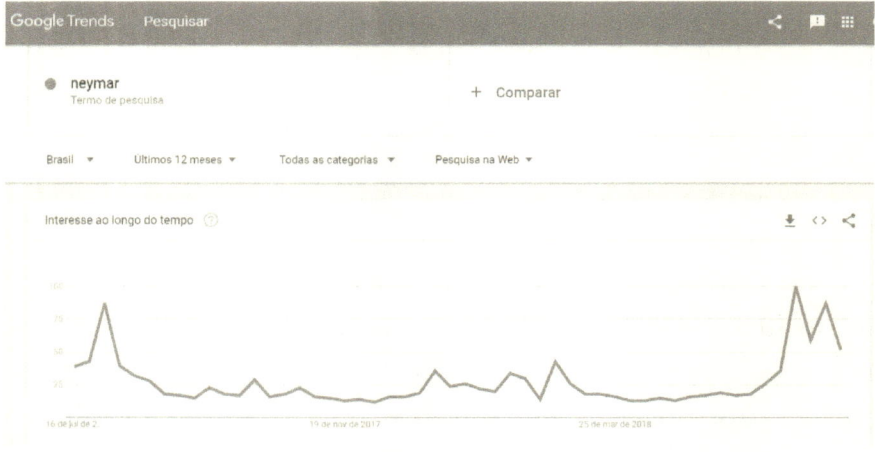

Para acessar o Google Trends, entre no site http://www.google.com.br/trends e informe o termo de sua pesquisa. O grande diferencial do Trends em relação ao Adwords é o gráfico do interesse das pessoas com o passar do tempo. Na pesquisa de exemplo, é possível perceber como o termo "Neymar" teve pico de buscas durante a Copa do Mundo. O Trends é particularmente importante para campanhas rápidas, aproveitando algum evento offline que possa ter impacto online. Por exemplo: quando um chef fale sobre cozinha mediterrânea em um programa com grande audiência na TV, é provável que a procura por restaurantes especialistas na culinária mediterrânea tenham um momentâneo aumento nas buscas. Essa é a hora de investir mais nos anúncios.

Nesse tipo de gráfico, também é possível identificar quando as pessoas começam a fazer buscas, como é possível ver na figura 4:

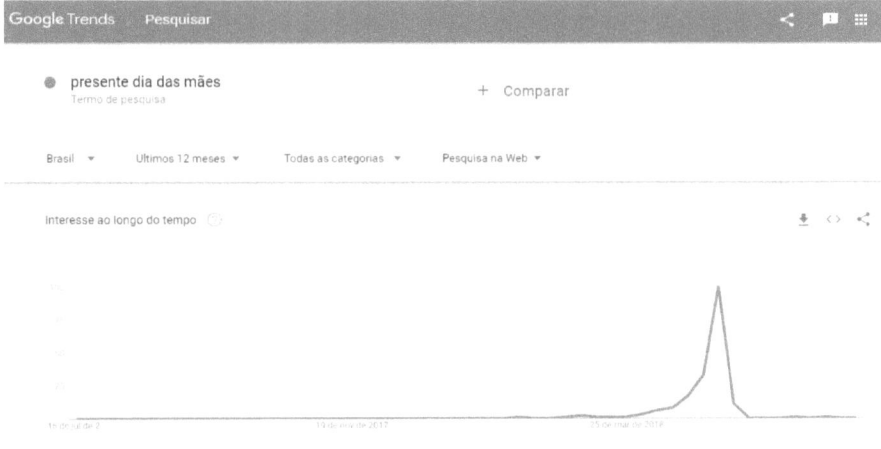

Figura 4

Como pode-se observar, as pesquisas por "presente dia das mães" começam já no fim de março, se intensificam no meio de abril e começo de maio, atingem o pico no próprio dia das mães e depois tem a queda. Ao analisar isso, seria possível começar a trabalhar essa palavra-chave já no início de abril para captar os primeiros clientes.

Observação: o maior benefício da internet é essa mensuração e a possibilidade de averiguar as buscas e os interesses dos usuários, então, respeite isso. Muitos empresários optam por colocar os nomes em seus produtos ou nos títulos de suas páginas de acordo com o que é de seu gosto pessoal, o que nem sempre é o gosto dos usuários.

Se você pode identificar quais são as principais buscas relacionadas ao seu negócio, utilize isso a seu favor: lembra-se da questão da "cirurgia estética" ou "cirurgia plástica"? Mesmo que você ache o primeiro termo mais bonito e com mais glamour, utilize o segundo – e faça o mesmo para todo o tipo de pesquisas.

05. AS REDES SOCIAIS

Twitter, Facebook, Linkedin, Instagram, Snapchat, Pinterest... são quase infinitas as redes sociais disponíveis. No Brasil, as que mais fazem sucesso hoje são o Facebook, o Instagram, o Twitter e o Youtube (se o considerarmos como uma rede social). Profissionalmente, o Linkedin também é bastante utilizado.

Saber usar essas ferramentas pode ser um grande diferencial para você ou para sua empresa. Vamos ao princípio: como o nome indica, todos esses sites escritos acima são redes sociais. Guarde bem essa palavra.

Muitas empresas e profissionais pecam nas redes sociais simplesmente por não se socializarem com o seu público. Portanto, converse com o seu público, afinal, não há nada mais desagradável do que encontrar um perfil empresarial desatualizado, com uma postagem de vários meses atrás. Isso é comum e fere muito a imagem da empresa.

Outra coisa a ser muito bem planejada é que tipo de postagem será feita nessa rede social. Mais uma vez, lembre-se do social (guarde esse conceito com você, sempre!). Facebook, Twitter e outras redes não são simplesmente um canal de propaganda, mas sim de relacionamento. Então, se relacione.

Pesquise o seu público, veja quais são os assuntos de interesse deles, o que a sua empresa pode oferecer que seja de seu, enfim, fuja de postagens que só falem de você – isso cansa, e se o usuário precisasse desse tipo de informação o tempo todo, visitaria o seu site ou a sua loja, e não precisaria do Facebook para isso. Uma boa proporção é colocar 70% do conteúdo de interesse do usuário e os 30% restantes são reservados para falar da empresa.

Pense: se você tem uma oficina, divulgar notícias sobre o trânsito, sobre o lançamento de carros, sobre a queda ou aumento de impostos, sobre o aumento de combustíveis, enfim, há vários assuntos que podem interessar o seu público. Isso mostra que sua empresa está atenta ao que acontece com o seu segmento e aumenta a credibilidade da marca, criando oportunidades de relacionamento que não aconteceriam com as simples postagens de propagandas.

E lembre-se: nunca deixe de atualizar esses perfis. Caso você não tenha condições de cuidar dessas postagens, procure uma empresa especializada. Caso não tenha verba para isso, é preferível cancelar o perfil do que deixá-lo abandonado. O português é outro ponto de atenção. Não há nada que arranhe mais a imagem da empresa do que postagens com erros gramaticais. Há de ser informal, mas sem perder a elegância.

Redes sociais de nicho

Fique atento às oportunidades dento de nichos de pessoas. Uma vez li uma frase que dizia: "em um mundo global, todo mercado de nicho é massa". É a mais pura verdade. Então, concentre-se nessas oportunidades, pois focar em um grupo específico de pessoas pode ser o segredo do sucesso. Exemplos são a Skoob (para amantes de leitura) e a Houzz (para arquitetos).

Investimento em redes sociais

Com tantas redes sociais gratuitas, a forma que essas empresas têm de monetizar os seus serviços é por meio dos anúncios que as empresas fazem para mostrar seus posts aos seus públicos. Desse modo, com o passar dos anos, ficou cada vez mais difícil fazer os posts alcançarem o público organicamente.

A explicação dos grupos que controlam as empresas é que seria inviável organizar os *feeds* com todos os amigos e todas as páginas que as pessoas seguem, por isso, priorizam o conteúdo das pessoas/páginas com as quais os usuários mais interagem. Embora isso seja verdade, o maior dos motivos é simplesmente para forçar as empresas a anunciarem.

Por isso, ainda que você tenha um excelente planejamento, um conteúdo de qualidade, um público-alvo bem definido, entre outras coisas, será necessário investir para que seus posts apareçam para a maior parte do seu público. Em todos os planejamentos orçamentários e de marketing, é necessário levar isso em consideração – ou você provavelmente terá investido na produção de um conteúdo que não chegará a ninguém.

As métricas que realmente importam

Muitos empresários avaliam o sucesso de suas estratégias nas redes sociais pelo número de reações, comentários ou compartilhamentos no Facebook ou curtidas no Instagram. Embora esses dados sejam importantes, eles devem ser vistos como métricas de meio, não de fim.

Por exemplo: o número de reações no Facebook deve ser o meio para alcançar mais visitas ao site e, consequentemente, conseguir clientes que chegaram até a sua empresa vindos das redes sociais.

No final, o que mais importa no marketing é a aquisição de clientes, transformar visitas em pedidos de orçamento, entre outros dados de fato relevante. Tudo o que vem antes disso deve ser visto como os meios para essas finalidades. Um post engraçadinho que recebeu 3000 curtidas no Facebook pouco valerá se nenhuma dessas pessoas tiverem um interesse um pouco maior na sua empresa.

Embora a reputação da marca seja de absoluta importância, uma empresa não sobrevive apenas com uma marca superengajada nas redes sociais. É preciso vender.

06. O CONTEÚDO COMO GERADOR DE LEADS

Não são apenas para os resultados orgânicos que o conteúdo é importante. Nos últimos tempos, a oferta de conteúdo cresceu sobremaneira para a captação de leads e a conversão de clientes. Foi a partir daí que surgiu uma linha específica conhecida como *inbound marketing*.

O *inbound marketing* visa conquistar o cliente pela oferta de conteúdo e relacionamento com o lead. Ele parte de um pressuposto diferente dos links patrocinados, que foca no cliente em seu momento de compra. Por meio do *inbound marketing*, podemos atingir o cliente a médio e longo prazo.

Como? Fazendo-o perceber uma necessidade que ele sequer sabia que tinha, colocando o lead em um "funil de vendas", no qual ele vai descendo até se tornar um cliente.

A maneira mais comum disso acontecer é oferecendo uma "isca digital" – um ebook, um infográfico, um vídeo, um convite para evento etc. Para a pessoa conseguir essa isca ela deve deixar os seus dados, como nome, e-mail e telefone. A partir de então ela passa a receber conteúdos por esses meios até se tornar um cliente.

Por exemplo: uma pessoa pode se interessar em receber uma planilha automatizada de controle de gastos pessoais. Ao fazer o cadastro, começa a receber e-mails com dicas sobre controle orçamentário, até que, em um momento (e depois de alguns conteúdos), chega até ela uma oferta sobre consultoria para aplicações financeiras.

Note: inicialmente, a pessoa não cogitava que precisava de uma consultoria para aplicações financeiras, apenas uma planilha de controle orçamentário. Mas o conteúdo que ela recebeu durante algum tempo pode fazê-la notar que existem outras possibilidades para melhorar as finanças pessoais, como a realização de aplicações. A ideia do *inbound marketing*, portanto, é maturar o lead para que no momento certo ele esteja preparado para a compra. Para facilitar esse trabalho, existem diferentes ferramentas que automatizam todo esse processo.

07. MENSURANDO RESULTADOS

Como dissemos já dissemos, a mensuração dos resultados é o que vem fazendo a internet levar ao chão toda a maneira de se fazer marketing de antigamente. Não há mais nada feito no "achômetro" e tudo é possível de ser avaliado, modificado e melhorado.

Para isso, algumas ferramentas ajudam o processo. Para avaliar o seu site e o resultado dos seus anúncios, o Google oferece algumas ferramentas, como o Google Analytics e o Google Webmasters Tools.

O Google Analytics é, basicamente, uma plataforma de Business Intelligence disponível gratuitamente para o seu site. Ela analisa a quantidade de pessoas que visitam a sua páginas, quantos páginas em médias são visualizadas, qual a duração da visita, quais páginas mais levam à saída do seu site, quantas conversões aconteceram, de quais localizações vêm as pessoas que acessam o seu site, qual o perfil demográfico de quem acessa suas páginas, entre uma série de outras informações.

Já o Google Webmasters Tools é uma ferramenta um pouco mais voltada para a parte técnica do seu site, indicando problemas nas páginas, velocidade de carregamento, títulos duplicados, entre outros itens que podem atrapalhar as suas estratégias de marketing digital, como o SEO.

Essas ferramentas dão todas as informações importante sobre a sua página, bastanto ao gestor identificar oportunidades de melhorias ou de negócios a partir do que se consegue ler. Um exemplo prático: se você faz uma campanha específica no Instagram, em que deseja levar pessoas ao seu site, é possível analisar via Google Analytics quais os resultados principais: quantas pessoas chegaram ao seu site por meio do Instagram, quais páginas essas pessoas navegaram e quantas pessoas efetivaram uma compra. Com isso, é possível calcular o seu retorno sobre o investimento.

Do mesmo modo, as principais redes sociais oferecem plataformas específicas para avaliar os resultados de suas campanhas. Itens como crescimento dos curtidores, alcance das publicações, reações nas publicações, cliques nos links, entre uma série de outros fatores oferecem aos empresários as informações necessárias para avaliar a efetividade de suas ações.

08. CONCLUSÃO

O propósito desde material era ser um guia inicial para que o gestor (ou analista de marketing) de uma pequena ou média empresa conseguisse se pautar sobre como atuar nas redes sociais – ou sobre o que esperar do trabalho de uma empresa terceirizada sobre a atuação nas redes sociais.

Como o mundo digital se move em uma velocidade muito grande, diariamente novas ferramentas e estratégias surgem, fazendo-se necessário um olhar atento ao mercado para manter-se atualizado.

A boa notícia é que não faltam materiais abordando, ao menos, conceitos básicos sobre essas novas vertentes, cabendo aos interessados a realização de buscas no Google ou mesmo no Youtube para encontrar o que precisa.

Espero que essa tenha sido uma leitura válida. Deixo abaixo meus contatos para qualquer troca de ideias que desejar:

Samuel Gonçalves

samuelggoncalves@gmail.com

Linkedin: https://www.linkedin.com/in/samuelggoncalves/

Twitter: https://twitter.com/samuel_gg

www.ingramcontent.com/pod-product-compliance
Lightning Source LLC
Chambersburg PA
CBHW030547220526
45463CB00007B/3014